C. Cochin Filius del.   N. le Mire Sc.

Quand tu nous peins l'horreur de ton Destin affreux,
GAUSSIN, qui ne ressent comme toy tes Disgraces!
Mais à tort tu te plains d'être seule en ces Lieux
Car près de toy toujours on apperçoit les Grâces.

L'ISLE DÉSERTE,

COMÉDIE

EN UN ACTE

ET EN VERS,

Par M. Collet

Représentée pour la premiere fois par les Comédiens François Ordinaires du Roi, le 23 Août 1758.

Le prix est de 24 sols avec la Musique.

A PARIS,

Chez N. B. DUCHESNE, Libraire, rue S. Jacques,
au-dessous de la Fontaine S. Benoît,
au Temple du Goût.

M. DCC. LVIII.
Avec Approbation & Privilége du Roi

AVERTISSEMENT.

AVANT que cette Comédie parût sur la Scene, j'avois eu soin de publier que j'en avois pris le sujet dans les Opera du célebre Metastasio : comme la traduction des ouvrages de ce grand Poëte est entre les mains de tout le monde, je n'entre point ici dans le détail des changemens que j'ai été obligé de faire à l'original, pour l'accommoder à notre Théâtre, & dont je ne puis que me savoir bon gré, puisque les applaudissemens du Public ont justifié la liberté que j'ai prise.

ACTEURS.

FERDINAND,	M. GRANDVAL.
TIMANTE,	M. BELLECOUR.
UN MATELOT,	M. PRÉVILLE.
CONSTANCE,	Mlle. GAUSSIN.
SILVIE,	Mlle. GUÉANT.
TROUPE DE MATELOTS.	

La Scene est dans un lieu sauvage sur les bords de la Mer.

L'ISLE DÉSERTE,
COMÉDIE.

SCENE PREMIERE.

Le Théâtre représente une Isle déserte ; on voit la Mer dans le fond. Du côté droit est un Rocher sur lequel on lit une Inscription.* Constance y paroît tenant un morceau de fer à la main.

CONSTANCE.

QUE ne surmonte pas un travail assidu,
Lorsque par le plaisir il n'est point suspendu !
Sans secours que ce fer & mon foible courage,
Je vois presque la fin de ce pénible ouvrage,

* Cette Inscription est gravée sur l'Estampe.

Puissé-je l'achever ! & qu'après, justes Dieux,
Vous tranchiez de mes jours les restes malheureux !
Elle s'approche du Rocher & lit l'Inscription.
„ Du traître Ferdinand Constance abandonnée,
  „ Finit ici sa vie & ses malheurs.
„ O toi, qui de son sort apprendras les horreurs,
„ Venge-la d'un perfide, ou plains.... sa destinée.

Qu'il en coute à l'Amour, d'avoir à publier
Les crimes d'un ingrat qu'on ne peut oublier !
Elle travaille un moment.
Pour suivre mon Epoux j'abandonne l'Espagne ;
En vain la Mer mugit, & la mort m'accompagne ;
Tranquille sur mon sort, c'est lui seul que je vois.
Ah ! barbare ! & voilà le prix que j'en reçois !
Si jamais les remords dans cette Isle sauvage
Ramenoient l'inhumain à qui l'hymen m'engage,
Pour lui faire juger de l'excès de mes maux,
O toi qui détruis tout, Temps, respecte ces mots.
(Montrant l'Inscription.)

SCENE II.
CONSTANCE, SILVIE.

SILVIE *accourant & gaiement.*

AH ! Constance ! ah ! ma sœur !
CONSTANCE.
D'où peu naître, Silvie,

COMÉDIE.

Ce plaisir imprévû dont ton ame est saisie ?

SILVIE.

Mon cœur est transporté !

CONSTANCE.

Peut-on sçavoir de quoi ?

SILVIE.

Ce que j'aime le plus en ce monde, après toi,
Ma petite Epagneule est enfin revenuë ;
Depuis deux jours entiers je la croyois perduë.

CONSTANCE.

Eh ! c'est-là le sujet de ce parfait bonheur ?

SILVIE.

Crois-tu qu'il en puisse être un plus grand pour mon cœur ?
Zirphile est, tu le sçais, ma compagne fidelle,
L'objet de tous mes soins ; sitôt que je l'appelle,
Mille tendres baisers me prouvent son amour ;
A mes côtés elle est & la nuit & le jour ;
Elle m'aime, m'entend, & sur mon sein repose ;
Et de la retrouver te semble peu de chose ?

CONSTANCE à part.

Quelle heureuse innocence !

SILVIE.

Hélas ! ma chere sœur,

A iv

Te verrai-je sans cesse en proie à ta douleur?

CONSTANCE.

Rien ne peut de mes maux adoucir l'amertume;
Toujours en vains soupirs mon ame se consume,
Le Printemps s'est déjà renouvellé dix fois
Depuis qu'abandonnée en ce funeste bois,
Sans espoir de jamais recouvrer ma patrie,
Je traîne dans les pleurs une mourante vie.
Sans la tendre amitié qui m'attache à ton sort
Ma sœur, le désespoir auroit hâté ma mort.

SILVIE.

Je ne puis concevoir le sujet de tes peines.
Quel bien nous manque-t-il ? Ici nous sommes Reines.
Les hôtes de ces bois font nos heureux sujets,
Et la terre & la mer nous comblent de bienfaits.
L'Été sous cet ombrage, & l'Hiver sous ces roches,
Du chaud comme du froid nous bravons les approches.
A ce que nous voulons, la force ni les loix
Ne s'opposent jamais ; nous ignorons leurs droits.
Ainsi de tout cela si tu n'es pas contente,
Il sera mal aisé de remplir ton attente.

CONSTANCE.

Que d'un bien qu'on ignore on se passe aisément !

Mais quand on l'a gouté, le perdre est un tourment.
Lorsqu'on m'abandonna sur cet affreux rivage,
De la raison encor tu n'avois pas l'usage,
Et tu n'avois rien vû de plus délicieux
Que ces tristes objets qui s'offrent à nos yeux.
Mais pour moi plus instruite, ah ! quelle diffe-
  rence
De ce desert horrible aux lieux de ma naissance.

SILVIE.

De ce pays pour qui tu répands tant de pleurs,
Souvent tu m'as vanté la richesse & les mœurs ;
Mais quand même il seroit encor plus admirable,
La paix qui regne ici me paroît préférable.

CONSTANCE.

Que difficilement on juge d'un bonheur
Qui parle à notre esprit sans toucher notre cœur !

SILVIE.

Mais cet endroit charmant que sans cesse tu nom-
  mes,
N'est-il pas ce séjour habité par les hommes ?
Et ce sont, m'as-tu dit plus de cent & cent fois,
Des monstres plus cruels que les loups de ces bois.
Comment,...

CONSTANCE.

Oui, je l'ai dit. Eh ! que ne puis-je encore

Ajouter au tableau d'un sexe que j'abhorre!
Oui, les hommes sont tous traîtres, cruels, trompeurs,
Se riant de nos maux, se baignant dans nos pleurs;
Ne respectant la foi, l'amour, ni la nature,
Et se faisant un jeu du crime & du parjure ;
Malgré tous leurs défauts, d'autant plus dangereux,
Qu'au fond de notre cœur tout nous parle pour eux ;
Graces, douceur, esprit, paroissent leur partage,
Et la seule imposture est tout leur appanage.

SILVIE.

Si l'homme est si méchant ; contre sa cruauté,
Cet asyle du moins nous met en sureté ;
Ici, l'on n'en voit pas. Mais, ma chere Constance,
Tes yeux versent encor des pleurs en abondance.
Que puis-je faire, ô ciel ! pour calmer ton tourment ?
Si Zirphile te plaît, je t'en fais un présent.

CONSTANCE.

Il est trop juste, hélas ! ô ma chere Silvie,
Que je passe à pleurer le reste de ma vie.
Des mortels séparée & loin de mon Epoux,
Les larmes sont pour moi le plaisir le plus doux.

SILVIE.

Tu pleures un Epoux dont tu veux qu'on te venge;

COMÉDIE.

La contradiction me paroît bien étrange.
Qu'est-ce donc qu'un Epoux, pour le tant regretter,
Quand ingrat & perfide on doit le détester?
Tu ne me dis pas tout, ma sœur, mais je devine;
Quelque rose toujours accompagne l'épine.
Tiens, j'ai jusqu'à ce jour respecté ta douleur;
Mais il faut à la fin que je t'ouvre mon cœur.
Je réfléchis souvent, & ce matin encore
En voyant mille oiseaux au lever de l'aurore,
Je pensois....

CONSTANCE.

Ces oiseaux qu'anime le Printemps,
Auront avant l'Été pleuré mille inconstants.

SCENE III.
SILVIE *seule.*

C'Est trop s'abandonner à sa douleur amere;
J'ai beau gronder, prier, rien ne peut la distraire.
Mais ce qui tous les jours étonne mon esprit,
C'est qu'au lieu d'adoucir le chagrin qui l'aigrit,
Par la part que je prends à sa tristesse extrême,
Il augmente sans cesse, & je pleure moi-même.

Un Vaisseau paroît sur la Mer.

Suivons au moins ses pas. Qu'apperçois-je, grands
Dieux!

Jamais la Mer n'offrit rien de tel à mes yeux!
Ce n'est pas un rocher, car il change de place.
De la route qu'il tient on ne voit nulle trace ;
Quoique sa marche impose, il paroît chancelant...
Faisons voir à ma sœur ce prodige étonnant.
Allons :.... Mais juste ciel! qu'est-ce que j'envisage?
Où fuir ? Où me cacher ? On vient sur ce rivage.

> *Elle se cache derriere un arbre, & sort de sa place par curiosité toutes les fois qu'elle croit n'être pas vûe.*

SCENE IV.

SILVIE, FERDINAND, TIMANTE.

TIMANTE

A La fin, cher ami, serions-nous en ces lieux
Que depuis si long-temps tu demandes aux Dieux ?

FERDINAND.

Oui, je les reconnois ; l'Amour d'un trait de flâme
Les avoit pour toujours imprimés dans mon ame ;
Et les nouveaux transports qui viennent m'agiter
Me le confirmeroient si j'en pouvois douter.

SILVIE *à part*.

Si je pouvois les voir sans en être apperçuë.

COMÉDIE.

TIMANTE.

D'un vain espoir souvent notre ame prévenue....

FERDINAND.

Non, cher Timante, non, je ne me trompe pas.
Cent fois vers ce Rocher j'ai dirigé mes pas.
Voilà, je m'en souviens, cette caverne sombre
Où désarmé, sans force, & vaincu par le nombre,
D'un Pirate inhumain qui désoloit ces mers,
Je me vis obligé de recevoir des fers.
Dans cet instant fatal, loin de ce lieu, Constance
Aux douceurs du repos cedoit sans méfiance.
Seule auprès de Silvie, un perfide sommeil
Préparoit à son cœur le plus affreux réveil.
C'est là que me livrant à ma trop juste rage,
Une large blessure éteignit mon courage ;
Ici le fer vengeur dans mes mains se rompit....
Mais sans perdre le tems à ce triste récit,
Allons plutôt chercher une Épouse adorable.
Differer un moment, c'est se rendre coupable:
Va, cours de ce côté, tandis qu'en celui-ci
Je verrai si son sort ne peut être éclairci,
Et si le ciel persiste en sa rigueur extrême,
J'expirerai du moins, où mourut ce que j'aime.

SCENE V.
SILVIE, TIMANTE.

SILVIE à part & d'un air fâché.

Je n'ai pû rien entendre.

TIMANTE sans voir Silvie.

Ah ! que de Ferdinand
Les malheurs sont affreux ! que son sort est touchant !
A peine un doux hymen à Constance l'engage,
Que forcé d'entreprendre un pénible voyage,
Tous deux au gré des flots ils exposent leurs jours.
De leur route un orage interrompant le cours,
Les jette sur ces bords, où le Destin barbare
Loin de les secourir pour jamais les sépare.

SILVIE à part & d'un air satisfait.

A la fin cependant il s'est tourné vers nous.
Que sa mine me plaît ! que son aspect est doux !

TIMANTE sans voir Silvie.

L'humanité suffit pour le plaindre sans cesse,
En moi c'est le devoir qui pour lui m'interesse.
Ce premier don du Ciel, l'heureuse liberté,

COMÉDIE.

Sans qui rien ici bas ne peut être compté,
Sans ſes ſoins généreux m'auroit été ravie.
Que ne puis-je pour lui ſacrifier ma vie !
Qui peut faire le bien, ſe rend égal aux Dieux ;
Qui le peut oublier eſt un monſtre odieux.

SCENE VI.
SILVIE ſeule.

Qu'est-ce que j'ai vû là ? Je ne le puis comprendre.
Seroit-ce un homme ? Non, on ne peut s'y méprendre,
Car les hommes ſont tous perfides, inhumains,
Et comme de raiſon, à des ſignes certains
On doit les reconnoître, & lire dans leur ame.
Mais enfin qu'eſt-ce donc ? Ce n'eſt pas une femme,
Car ainſi que le mien ſon habit ſeroit fait ?
Qui que ce ſoit, hélas ! c'eſt un aimable objet.
Allons trouver ma ſœur, elle ſçaura me dire....
Mais qui retient mes pas ? d'où vient que je ſoupire ?
Le cœur me bat. Ah ! Dieux ! comment interpreter
Les divers mouvemens qui viennent m'agiter ?
Seroit-ce à la terreur que mon ame eſt en proie ?
Non, car lorſque l'on craint on n'a pas tant de joie.
Je ne me trompe point, à travers de ce bois

Je vois encor quelqu'un : on vient. Pour cette fois
Courons vîte à Constance. Oh ! oui ; quoi qu'elle fasse,
Il faut sur tout ceci qu'elle me satisfasse.

SCENE VII.

FERDINAND *seul*.

AH ! Je n'avois que trop pressenti mes malheurs.
Sur moi le sort veut donc épuiser ses rigueurs.
En vain, je cours, j'appelle, & ne sçais point encore
Quels lieux sont habités par celle que j'adore.
Passerai-je ma vie, hélas ! à la chercher ?
(*Appercevant l'Inscription.*)
Mais qu'est-ce que je vois écrit sur ce Rocher ?
Ne m'abusé-je point ? Seroit-il bien possible ?
Le ciel à mes tourmens devenu plus sensible,
Voudroit-il par ces mots éclaircir mon destin ?
Lisons. Mon nom ! grands Dieux ! depuis quand ? quelle main ?....
(*Il lit.*)
„ Du traître Ferdinand Constance abandonnée,
„ Finit ici sa vie & ses malheurs.

Constance ne vit plus, & me croyoit parjure !
Sort cruel ! de mes maux tu combles la mesure.

Constance

Constance ne vit plus ! & sa bouche en mourant,
A pû d'un crime affreux accuser Ferdinand !
Moi, traître ! moi perfide ! elle n'a pu le croire :
Non, c'est le seul soupçon d'une action si noire
Qui l'a fait succomber à sa vive douleur;
Et Ferdinand survit à cet excès d'horreur !

SCENE VIII.

FERDINAND, TIMANTE.

TIMANTE.

Ami, de quelque bien conçois-tu l'espérance ?
Enfin n'as-tu rien sçu de ta chere Constance ?

FERDINAND.

Constance ne vit plus.

TIMANTE.

Ciel !

FERDINAND *montrant l'Inscription.*

Lis.

TIMANTE.

Infortuné !

(*Après avoir lû.*)
Mais l'ouvrage n'est pas tout à fait terminé.

B

FERDINAND.

Une trop prompte mort arrêta son courage.

TIMANTE.

Séjour rempli d'horreurs ! détestable rivage !
Que ne nous cachois-tu ce triste évenement !
Ami, que ta douleur est juste en ce moment !
Pleure, sans redouter que Timante en murmure ;
De semblables regrets honorent la nature.

FERDINAND.

Si le malheur poursuit les plus tendres époux,
Grands Dieux, pour les ingrats, quels maux réservez-vous ?

TIMANTE.

Quand d'un injuste sort nous sommes la victime,
Il est si consolant d'avoir vécu sans crime ;
Pour nous abattre, il fait d'inutiles efforts,
On n'y succombe point lorsqu'on est sans remords.
Tel est l'état heureux où se trouve ton ame ;
En tout point tu n'as fait que ce qu'envers sa femme
Exigent d'un epoux l'honneur, la probité.
Les Dieux que tu priois ne t'ont point écouté ;
Respecte leurs decrets, quoi que le ciel ordonne,
Et quittons un séjour que l'horreur environne.

COMÉDIE.

FERDINAND.
Que je quitte ces lieux ! Eh ! le pourrois-je, hélas !
C'est ici que Constance a subi le trépas,
Ainsi qu'elle, j'y veux terminer ma misere.

TIMANTE.
Dans ce désert affreux ! Eh ! qu'y prétends-tu faire ?

FERDINAND.
Ce que j'y prétends faire ? Accroître mon tourment,
Et baigner de mes pleurs ce marbre à tout moment,
Vivre en mourant sans cesse.

TIMANTE.
Ah ! quelle barbarie !
Et tes amis ? Ton pere ? En un mot ta patrie ?

FERDINAND.
Mon pere ? En cet état si je m'offrois à lui,
J'abrégerois ses jours loin d'en être l'appui.
Va le trouver, va, pars; & s'il a quelqu'envie
De connoître les maux qui tourmentent ma vie,
En les lui racontant adoucis-en l'horreur.

TIMANTE.
Eh ! le pourrai-je, ami ? Ma trop juste douleur...

FERDINAND.
Adieu, Timante, adieu.

SCENE IX.
TIMANTE *seul.*

N'IRRITONS pas sa peine;
Ce n'est qu'avec le temps qu'un esprit se ramene.
Nous devons cet égard à son sort malheureux.
Je prévois qu'il faudra l'arracher de ces lieux;
A prendre ce parti son désespoir m'engage.
Pour cet effet, parlons aux gens de l'équipage :
Mais le hazard ici les conduit justement.

SCENE X.
TIMANTE, MATELOTS.
TIMANTE.

MEs amis, il convient d'enlever Ferdinand :
Ne voulant qu'écouter le chagrin qui le tuë,
Pour rester en ces lieux il fuira notre vuë,
Il faut s'en assurer.

UN MATELOT.
S'en assurer ? Oui dà;

COMÉDIE.

Mais rien ne me paroît moins aifé que cela ;
Où diable voulez-vous que nous allions le prendre?
A l'inftant, du Vaiffeau nous venons de defcendre,
Nous ne connoiffons point....

TIMANTE.

Vous verrez ici près
Un ruiffeau tout couvert de lugubres cyprès,
Qui parmi les rochers précipite fon onde,
Il ira s'y livrer à fa douleur profonde,
Allez vous y cacher, & quand vous le verrez,
Pour le conduire à bord vous vous en faifirez.

LE MATELOT.

C'eft bien penfer vraiment, & pour un fi bon
　　maître,
Notre zele en tout point doit fe faire connoître ;
Mais nous répondez-vous que cette attention
Ne peut pas nous valoir quelques coups de bâton ?

TIMANTE.

Ne craignez de fa part aucune réprimande,
On ne fait jamais mal quand l'Amitié commande.

SCENE XI.
TIMANTE, SILVIE.

SILVIE *sans voir Timante.*

JE voudrois que ma sœur sçût tout de point en point,
Mais partout je la cherche, & ne la trouve point.

à part. TIMANTE.
Qu'apperçois-je ? Une femme en cette Isle sauvage ?
à Silvie.
Belle Nymphe, écoutez.

SILVIE *s'éloignant.*
Encor sur ce rivage !

TIMANTE.
Pourquoi vous éloigner ? Arrêtez un moment.

SILVIE.
De moi, que prétends-tu ?

TIMANTE.
T'admirer seulement,
Et parler avec toi.

SILVIE.
Jure avant toute chose,

De me parler de loin.
TIMANTE.
A rien je ne m'oppofe,
à part.
Oui, je te le promets. Que fon air eft charmant !

SILVIE *à part.*
Qu'il fait plaifir à voir !
TIMANTE.
Par quel enchantement,
Dans un lieu qui paroît profcrit par la nature,
Voit-on de fi beaux yeux, des traits...une figure...?

SILVIE.
Il avance toujours ; s'il fait encor un pas,
Je me fauve à coup fûr. Au moins n'approche pas.

TIMANTE.
Qui peut à mes defirs te rendre fi contraire ?
Me foupçonnerois-tu de vouloir te déplaire ?
Raffure-toi, de grace, & daigne m'écouter.

SILVIE *à Timante qui approche toujours.*
Et toi, daigne obéir.

TIMANTE *avec impatience.*
Ah ! c'eft trop infifter.
Au moins fi je fçavois de quoi tu t'épouvantes.

Les hommes ne font pas des bêtes dévorantes.

SILVIE *effrayée.*

Quoi ! Tu ferois un homme ?

TIMANTE *souriant.*

Oui, je paſſe pour tel.

SILVIE *s'enfuyant.*

Au ſecours ! au ſecours !

TIMANTE *l'arrêtant.*
Écoutez.

SILVIE *à genoux.*

Juſte ciel !
De grace, épargne moi ; j'amais, je le déclare,
Je ne t'ai fait de mal, ſerois-tu ſi barbare....

TIMANTE.

Leve toi, je te prie, & calme ta frayeur ;
Ma chere, elle eſt injuſte & me perce le cœur.

SILVIE *à part.*

Tout bas le mien me dit qu'en lui je me confie.

TIMANTE.

Si l'on eſt obligeante étant auſſi jolie,
D'un époux malheureux....

COMEDIE.

SILVIE.

Arrêtez. Seriez-vous

Par hazard de ces gens que l'on appelle Epoux ?
S'il est ainsi, partez, retournez au plus vîte,
Nous détestons ici cette race maudite.

TIMANTE.

Non, je ne le suis point ; mais l'ami que je sers,
Pour rejoindre sa femme a traversé ces mers,
Il venoit la tirer d'un séjour qu'il abhorre,
Hélas ! elle n'est plus. O toi qu'ici j'implore,
Sçais-tu comment Constance a terminé ses jours ?
Et depuis quand le sort en a tranché le cours ?

SILVIE.

Constance, grace au ciel, Constance n'est point morte.

TIMANTE *avec la plus grande vivacité.*

Ah ! ce que tu m'apprends de plaisir me transporte !
Tu dois être Silvie... Oui, c'est toi que je vois.
Ce lieu, ton âge, tout me l'assure à la fois.
Constance n'est point morte ! ô joie inexprimable !
Je vais rendre à la vie un ami misérable.
Cours, vole vers ta sœur, tandis qu'à Ferdinand...

SILVIE.

Il est donc avec toi, cet ingrat, ce Tyran,

Ce monstre.... ?
TIMANTE.
Que ces noms ne souillent plus ta bouche;
Dans peu, je t'instruirai de tout ce qui le touche;
Il n'est que malheureux & point du tout ingrat;
Mais ne différons pas d'adoucir son état;
Il nous faudroit avoir le cœur le plus barbare,
Pour retarder les biens que le ciel lui prépare.

SILVIE.
S'il est ainsi, tous deux partons dès ce moment.

TIMANTE.
Nous les joindrons plutôt allant séparément.
Fais que bientôt ce lieu te revoye avec elle,
Et moi....

SILVIE.
Parle, comment est-ce que l'on t'appelle ?

TIMANTE.
Timante.

SILVIE.
Ne vas pas t'arrêter trop longtems.

TIMANTE.
Éloigné de Silvie, on compte les instans.

SILVIE.
Je ne sçais, mais tantôt en te perdant de vue,

J'ai senti dans mon cœur une peine inconnue,
Que je ne ressens plus depuis que je te voi.

TIMANTE.

Eh ! bien, je veux toujours demeurer avec toi.
Mais les momens sont chers, vîte vole à Constance.
C'est un si grand plaisir de porter l'espérance
Dans le cœur d'un mortel accablé de douleur,
Qu'on ne sçauroit trop tôt jouir de ce bonheur.

SCENE XII.
SILVIE *seule*.

Les hommes ne sont pas si méchans, ce me semble ;
Si toute leur espece à Timante ressemble,
Ma sœur a vraiment tort d'en dire tant de mal,
Je lui sçais mauvais gré. Mais c'est original !
Je prends contre ma sœur le parti de Timante ;
C'est un homme, je dois le haïr, il m'enchante :
Il est loin, cependant ici je crois le voir.
Oh ! tout cela n'est pas facile à concevoir.

SCENE XIII.
SILVIE, UN MATELOT.

LE MATELOT *sans voir Silvie*.

C'Est un mauvais métier que faire sentinelle !
Ferdinand ne vient point. Au diable la femelle
Qui va mourir ainsi sans nous en avertir ;
Un mot d'avis nous eût empêchés de partir.

SILVIE *à part*.

C'est encore un autre homme, & pourtant à sa vue
Mon ame de plaisir ne se sent point émue.
Ah ! que sur moi Timante agit differemment !

LE MATELOT *sans voir Silvie*.

Notre maître a perdu l'esprit assurément.
Quoi ! venir de si loin dans ce séjour barbare
Pour chercher une femme ; est-ce chose si rare ?
Parbleu, si d'une femme il étoit entiché
Que ne le disoit il ? J'eusse fait bon marché
De celle qui jadis acquit devant Notaire
Le droit de me nommer de ses enfans le pere,
Et pour qu'il n'eût eu rien à desirer de plus,
J'aurois encor donné les enfans par dessus.

COMÉDIE.

SILVIE à part.

Quel discours ! oh ! c'est-là de ces hommes, sans
    doute,
Dont m'a parlé ma sœur.

LE MATELOT.

Mais que vois-je ? On m'écoute.

SILVIE à part.

Sur Timante je veux un peu l'interroger ;
Avec lui sûrement il vient de voyager.
(*haut.*)
Bon jour, l'homme, bon jour.

LE MATELOT à part.

Elle est appétissante.
(*à Silvie.*)
Bon jour, la belle enfant.

SILVIE.

Connoissez-vous Timante ?

LE MATELOT.

Timante ! ce beau fils que nous avons à bord,
Qui ne connoît pas plus le Midi que le Nord,
Qui va toujours prêchant la vertu, la constance,
Qui nous suit tristement par belle complaisance
Depuis deux ans entiers ?... Ah ! c'est encor, ma foi,
Un autre Ferdinand ; tous deux sont foux, je crois,

De traverser les mers pour chercher en cette Isle
Une femme. En Espagne on en eût trouvé mille.

SILVIE.

Et des hommes aussi ?

LE MATELOT.

Sans doute.

SILVIE.

Ah ! s'ils sont tous
Semblables à Timante, il doit être bien doux
De vivre en ce lieu-là.

LE MATELOT *à part.*

Peste, quelle innocente !

SILVIE.

De grace, parlez-moi sans cesse de Timante,
C'est l'unique moyen de soulager l'ennui
Que je ressens d'abord que je suis loin de lui.

LE MATELOT.

Si vous vous ennuyez, je n'y sçaurois que faire,
C'est un mal près de vous qui ne tourmente guere,
Et je défierois bien au plus sombre chagrin
De ne pas revirer voyant cet air mutin.
Et cet œil.... ce minois.... le tour de ce visage....
(*à part.*)
Je suis, ma foi, tenté de risquer l'abordage.

COMÉDIE. 51

SILVIE à part.

De tout ce qu'il dit là, rien ne flatte mon cœur.
Mais ici je m'oublie. Allons chercher ma sœur.

SCENE XIV.

LE MATELOT seul.

JE me tromperois fort, si je n'ai vent contraire,
Pour Timante en revanche il souffle bien arriere.
Elle est parbleu gentille, il auroit très-grand tort
Sans ce petit bijou de retourner à bord ;
C'est une pacotille assez friande à faire,
S'il la néglige, moi, j'en ferai mon affaire.
Appercevant Constance.
Mais on vient. Celle-là vaut encore son prix.
Ma foi de la beauté c'est ici le pays.

SCENE XV.

LE MATELOT, CONSTANCE.

CONSTANCE sans voir le Matelot.

EN vain le temps s'enfuit & détruit toute chose,
Mon malheur seul résiste aux loix qu'il nous impose.

Hélas ! puisque ma sœur est loin en ce moment ;
Reprenons mon pénible & triste amusement.

LE MATELOT à part.

Elle a l'air langoureux celle-ci, c'est dommage.

CONSTANCE.
Avec précipitation.

Que vois-je ? Un Matelot ! L'ami, sur ce rivage,
Dites-moi, seroit-il venu quelque vaisseau ?

LE MATELOT.

Apparemment.

CONSTANCE.

Quand ? Où ? Comment ?

LE MATELOT.

Comment ? Par eau.

CONSTANCE.

De grace, répondez ; d'où venez-vous ?

LE MATELOT.

D'Espagne ;
Et depuis bien long-tems nous battons la campagne.

CONSTANCE.

D'Espagne ! Eh ! qui vous a conduits ici ?

LE MATELOT.

Le vent,
Joint à l'habileté de notre Commandant :
Ah ! certes, il est bien à plaindre le pauvre homme.

CONSTANCE.

COMEDIE.

CONSTANCE.

Quel est-il ?

LE MATELOT.

Ferdinand, c'est ainsi qu'on le nomme.

CONSTANCE.

Ferdinand, dites vous ?

LE MATELOT.

Oui, Ferdinand.

CONSTANCE.

Grands Dieux !

LE MATELOT.

Il venoit retirer sa femme de ces lieux ;
Mais nous partons sans elle, oui, le Diable m'emporte,
Et vous ne sçavez pas pourquoi ? C'est qu'elle est morte.
Constance chancele.
Qu'avez-vous ?

CONSTANCE *s'évanouissant & tombant dans les bras du Matelot.*

Je me meurs !

LE MATELOT.

Quoi ! sérieusement ?
(*Il la conduit sur un lit de gazon.*)

Quel est ce vertigo ? Là , plus commodément,...
C'est parbleu tout de bon! A qui diable en a-t-elle ?
Encore si c'étoit quelque laide femelle ,
Elle pourroit partir, ce seroit fort bien fait ;
Mais un si bel enfant, j'en aurois du regret.
Que faire ?

SCENE XVI.
LE MATELOT, CONSTANCE, TIMANTE.

TIMANTE *sans voir le Matelot.*

Se peut-il que Ferdinand ignore
Qu'il est près de revoir l'Epouse qu'il adore !
Je le cherche partout.

LE MATELOT.

Il faut la secourir ,
Essayons si ceci la fera revenir.
(*Il tire de sa poche une bouteille d'osier.*)

TIMANTE.

Dieux ! n'apprendra-t-il point cette heureuse nouvelle ?

LE MATELOT.

Qu'entends-je ? C'est Timante. Hé ! Monsieur ?

COMÉDIE.

TIMANTE.
Qui m'appelle ?
LE MATELOT.
Quelqu'un qui sans mentir est bien embarrassé,
Tenez, c'est un tendron à demi trépassé,
Sachez ce qu'il lui faut ; je n'y peux rien connoître,
Je retourne à mon poste attendre notre Maître.

SCENE XVII.
TIMANTE, CONSTANCE.

TIMANTE *examinant Constance.*

LE voile de la mort obscurcit ses attraits,
De Silvie elle n'a ni l'âge ni les traits,
C'est sûrement Constance.

CONSTANCE *revenant à elle.*
Hélas !

TIMANTE.
Belle Constance ?
Vivez ; le ciel enfin comble votre esperance ;
Ferdinand est ici, Ferdinand dans les pleurs,
Si vous ne paroissez, succombe à ses malheurs.

CONSTANCE.

Ferdinand ? Se peut-il ?... Non, c'est une imposture
Que l'on oppose en vain aux tourmens que j'endure.
Cessez....

TIMANTE.

N'en doutez point, le ciel rend à vos vœux
L'Epoux le plus fidele & le plus malheureux.
Autour de ce rocher j'étois venu l'attendre,
Et vous voyez en moi son ami le plus tendre.

CONSTANCE.

Je ne puis revenir de mon saisissement,
Ce bonheur est trop grand pour le croire aisément.
Hélas ! seroit-il vrai qu'il m'eût jamais aimée ?
Mais non, d'un vain espoir mon ame est trop char-
   mée,
Si pour moi de l'amour il eût senti les feux,
M'auroit-il pu laisser en ce séjour affreux ?

TIMANTE.

Eh ! vous y laissa-t-il ? Des brigands l'attaquerent,
Et tout percé de coups à ses vœux l'arracherent ;
Accablé du regret, en quittant ce séjour
D'y laisser sans espoir l'objet de son amour.
Depuis ce temps, hélas ! un horrible esclavage
De ce fidele Epoux fut le cruel partage.

COMÉDIE.

CONSTANCE.
Ah! mon cher Ferdinand, quel injuste soupçon!

TIMANTE.
A la fin échappé d'une affreuse prison,
Depuis plus de deux ans guidé par sa tendresse,
Sans relâche il vous cherche; & s'affligeant sans cesse....

CONSTANCE.
Mais que ne paroît-il? qui peut le retenir?

SCENE XVIII.
CONSTANCE, TIMANTE, SILVIE.

SILVIE.
Ma sœur, ma chere sœur, je vole t'avertir
Que j'ai vû Ferdinand. Au bord de la fontaine,
Consterné, presque mort, il arrivoit à peine;
Quand tout à coup des gens qu'on n'appercevoit pas
Sans lui dire un seul mot, ont arrêté ses pas.

CONSTANCE.
Arrêté! Ciel! pourquoi?

TIMANTE.
Ce coup est mon ouvrage.

Pardonnez ; mais voyant qu'à quitter ce rivage
Il ne consentoit point, & craignant pour ses jours,
J'ai cru par ce moyen en conserver le cours.

CONSTANCE.

Ah ! courons de leurs mains arracher ce que j'aime.

SILVIE.

Arrête, il va dans peu paroître ici lui-même,
Je leur ai tout appris avant de les quitter.

CONSTANCE.

Que je l'attende encore ! Eh ! puis-je résister ?....
Non, c'en est trop, je cede à mon impatience.
    (Elle fait un mouvement pour sortir.)
Dieux ! c'est lui que je vois.

SCENE XIX.

CONSTANCE, SILVIE, TIMANTE, FERDINAND.

FERDINAND.

O Ma chere Constance !

CONSTANCE.

Cher Epoux !

COMÉDIE.

FERDINAND.

Doux momens !

CONSTANCE.

Ferdinand avec moi !

FERDINAND.

Constance dans mes bras ! à peine je le croi.

SILVIE.

Dans leurs embrassemens je trouve tant de charmes
Que de plaisir mes yeux se remplissent de larmes.

CONSTANCE.

O sort, dont tant de fois j'éprouvai le courroux,
Que ne te dois-je point, je revois mon Epoux !

FERDINAND.

Tu l'as pû soupçonner d'avoir trahi sa flâme !
Sans la constante ardeur qui soutenoit mon ame,
Aurois-je supporté l'excès de mes malheurs ?
L'Amour seul en pouvoit adoucir les horreurs.
C'est l'espoir de te voir toujours tendre & fidelle
Qui m'a fait résister à ma douleur mortelle,
Et qui me fait encor en des momens si chers
Perdre le souvenir des maux que j'ai soufferts.

CONSTANCE.

Oui, d'infidélité je te croyois capable ;

C iv

Mais Dieux ! qu'il m'en coûtoit à te trouver cou-
pable !
Juge quels font les maux qui déchiroient mon cœur,
Puisque je m'en souviens au comble de bonheur.
Mais comment réparer toute mon injustice ?
J'ai pû par mes soupçons augmenter ton supplice.

FERDINAND.

Ne nous occupons plus de nos malheurs passés,
L'instant qui nous unit les a tous effacés.

TIMANTE à part.

Quel spectacle touchant pour une ame sensible !
Il fait naître en mon cœur un desir invincible....

SILVIE.

Que penses-tu, Timante ? Observe Ferdinand,
Et vois comme à Constance il parle tendrement.
A moi, tu ne dis rien.

TIMANTE.

    Si tu m'aimois, Silvie,
Je ne dirois qu'un mot, & tu serois ravie.

SILVIE.

Quand on aime, a-t-on bien du plaisir à se voir ?

TIMANTE.

Beaucoup.

COMÉDIE.
SILVIE.

Je t'aime donc.

TIMANTE.

Tu combles mon espoir !
Mais de tes sentimens j'ose esperer un gage.
Consens qu'un doux hymen....

SILVIE.

Point, point de mariage.
Dans quelque Isle déserte inconnue aux humains,
Je resterois peut-être à pleurer mes destins.

CONSTANCE.

Non, ma sœur, Ferdinand ne m'a point délaissée ;
A tort je te disois en ma triste pensée
Tant de mal de son sexe ; hélas ! il n'en est rien.

SILVIE.

Quand j'apperçus Timante, ah ! je m'en doutai bien.

CONSTANCE.

Quelle étoit mon erreur, quand j'accusois les hommes
D'être moins délicats, moins vrais que nous ne sommes !
Et qu'avec grand plaisir ma bouche se dément !

TIMANTE à *Silvie*.

Tu l'entends?

SILVIE *donnant la main à Timante*.

Ce qui plaît, on le croit aifément.

FERDINAND.

Qui n'acheteroit pas pour dix ans de fouffrance
Tous les biens que le ciel en ce jour me difpenfe?
Epoufe, fœur, ami, tout comble ici mes vœux.

TIMANTE.

Qu'il eft doux d'obliger en fe rendant heureux!

FERDINAND *au Parterre*.

O vous, dont les malheurs laffent la patience,
Mon bonheur vous apprend ce que peut la conf-
tance.

SCENE XX. & *derniere*.

LE MATELOT.

Vous êtes tous contens, nous le fommes auffi.
Pour vous le témoigner nous arrivons ici.
Camarades, allons, quittez cette chaloupe,
Il faut fe divertir quand on a vent en poupe,
Et que chacun de nous exprime à fa façon
Le plaifir qu'il reffent du bonheur du Patron.

COUPLETS.
LE MATELOT.

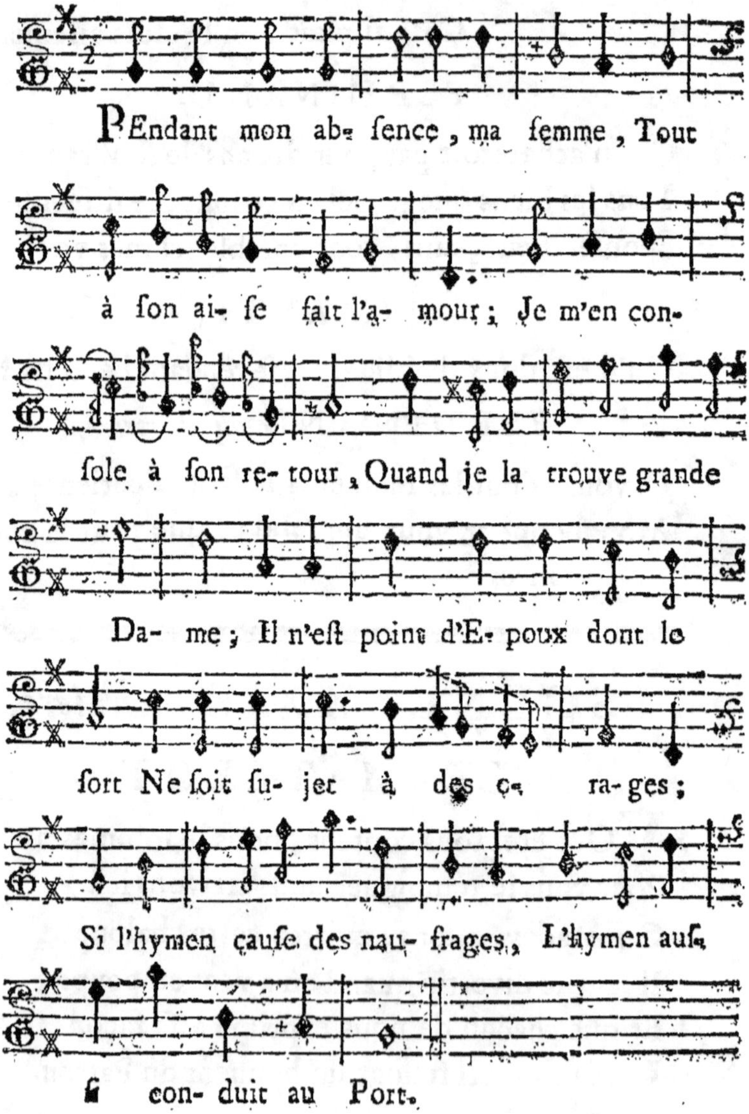

PEndant mon ab- fence, ma femme, Tout

à son ai- fe fait l'a- mour; Je m'en con-

fole à fon re- tour, Quand je la trouve grande

Da- me; Il n'eſt point d'E- poux dont le

fort Ne foit fu- jet à des o- ra- ges;

Si l'hymen cauſe des nau- frages, L'hymen auſ-

ſi con- duit au Port.

COUPLETS.
CONSTANCE.

Après avoir du fort fantafque
Été la victime long-tems,
Les plaifirs en font bien plus grands ;
Mais on craint toujours la bourafque.
Il n'eft point d'amour dont le fort
Ne foit fujet à des orages,
Et le plus cruel des naufrages
Eft celui que l'on fait au Port.

SILVIE à *Timante.*

Que mon erreur étoit extrême
De te refufer pour Epoux !
Je fens qu'il n'eft rien de fi doux
Que de s'unir à ce qu'on aime.
S'il n'eft point d'hymen dont le fort
Ne foit fujet à des orages,
Pour ne pas craindre les naufrages,
Ne t'éloigne jamais du Port.

TIMANTE à *Silvie.*

A ne te quitter de ma vie,
Je borne déformais mes vœux ;
Où puis-je jamais être mieux
Qu'auprès de l'aimable Silvie ?
Il n'eft point d'époux dont le fort

COUPLETS.

Ne foit à l'abri des orages,
Quand il fait vœu, loin des naufrages,
De vivre & mourir dans le Port.

CONSTANCE au Parterre.

Le Parterre eft notre bouffole,
Son goût éclairé nous conduit ;
Nous ne rions que lorfqu'il rit,
Son air mécontent nous défole.
Il n'eft point d'Auteurs dont le fort
Ne foit fujet à des orages :
Heureux ! quand après maints naufrages
Un bon vent les conduit au Port.

FIN.

APPROBATION.

J'AI lû, par ordre de Monfeigneur le Chancelier, l'Ifle déferte, Comédie, & je crois que l'on peut en permettre la repréfentation & l'impreffion. A Paris ce 19 Août 1758.

CRÉBILLON.

Le Privilege & l'Enregiftrement fe trouvent au nouveau Recueil de Pieces de Théâtre François & Italien.

Nouveau Catalogue d'Opera-Comiques & autres Pieces de Théâtres.

De M. VADÉ.

La Fileuse, Parodie.
Le Poirier, Opéra Comique.
Le Bouquet du ROI.
Le Suffisant.
Les Troqueurs & le Rien, Parodie.
Airs Choisis des Troqueurs.
Le Trompeur trompé.
Il étoit tems, Parodie.
La nouvelle Bastienne.
Le Divertissement de la Fontaine de Jouvence.
Les Troyennes de Champagne.
Jerôme & Fanchonnette, Pastorale.
Les trois complimens.
Le Confident heureux.
Follette ou l'enfant gaté.
Nicaise, Opera Comique.
Les Racoleurs, Opera Comique.
L'Impromptu du cœur.
Le mauvais Plaisant, Opéra Comique.
La Canadienne, Comédie.

Ouvrages du même.

La Pipe caffée, Poëme.
Les quatre Bouquets Poissards.
Les Lettres de la Grenouillere.
Œuvres posthumes du même, 1 vol. *in-8°*.
Recueil de Chansons avec la Musique.

De M. FAVART.

Le Bal de Strasbourg.
Thésée, Parodie.
Acajou, Opera-Comique.
L'Amour au Village.
La Fête d'Amour, Comédie.
Les jeunes Mariés.
Les Nymphes de Diane, avec la Musique.
L'Amour impromptu, Parodie.
Le Mariage par escalade.
La Répétition interrompue, Opera Comique.
La Fille mal gardée, Parodie, de Me. Favart & de M. ***.

De M. ANSEAUME.

Le Monde renversé.
Bertolde à la Ville, avec les Ariettes.
Le Chinois poli en France.
Les Amans trompés, Opéra-Comique.
La fausse Aventuriere.
Le Peintre amoureux de son Modele.
Le Docteur Sangrado, Opéra-Comique.
Le Medecin de l'Amour.
Les Ariettes du Medecin d'Amour.

De M. L'AFFICHARD. Opéra Comiques.

Pigmalion, ou la Statue animée.
Le Fleuve Scamandre.
Les Effets du Hazard.
La Nymphe des Thuilleries.
L'amour imprévu.

Comédies du même.

La Famille, Comédie.
Les Acteurs déplacés, Comédie.
Les Amans jaloux.

DE DIFFERENS AUTEURS.

Le Troque, Parodie des Troqueurs avec la Musique, 3 l. 12 s.
L'Amante retrouvée, Opéra-Comique.
Les quatre Mariannes, Opéra-Comique.
Les Pelerins de la Méque, Opéra-Comique.
La Magie inutile.
L'heureux Evenement.
Le Retour du Printems.
La Guirlande, Opéra Comique.

PIÉCES DETACHÉES.

Le Retour favorable.
La Rose ou les Fêtes de l'hymen.
Le Miroir Magique.
Le Rossignol, avec la Musique.
Le Dessert des Petits Soupers.
Le Calendrier des Vieillards.
La Coupe enchantée.

Les Filles, Opéra-Comique.
Le Plaisir & l'innocence.
Les Boulevards.
L'Ecole des Tuteurs.
Zéphire & Flore.
La Péruvienne.
Les Fra-Maçonnes.
L'impromptu des Harangeres.
La Bohémienne, Parodie, avec la Musique.
Le Diable à quatre, avec les Ariettes.
Les Amours Grenadiers.
La Guirlande.
Le Quartier Général, Opéra-Comique.
Le Faux Dervis, Opéra-Comique.
Le Nouvelliste, Opéra-Comique.
Gilles, Garçon Peintre.
Le Magazin des Modernes.
L'heureux Déguisement.
Les Ariettes de l'heureux Déguisement.

L'Isle déserte, Comédie du Théâtre François.

Choix de Pieces plaisantes représentées sur differens Théâtres, in-8°.

Théâtre de Campagne.

Les deux Biscuits, Tragédie.
L'Eunuque, Parade.
Agathe, ou la chaste Princesse, Parade.
Syrop-au-cul, Tragédie.
Le Pot-de-Chambre cassé, Tragédie pour rire, &c.
Madame Engueule, Parade.

Théâtre Bourgeois. in-12.

Le Marchand de Londres, Tragédie Bourgeoise.
Momus Philosophe, Comédie.
L'Electre d'Euripide, Tragédie.
Abaillard & Héloïse, Piece Dramatique.
L'Orphelin, Tragédie Chinoise.
La Mahonnoise, Comédie.
La petite Sémiramis.
La Méchanceté, Parodie d'Astarbé.

www.ingramcontent.com/pod-product-compliance
Lightning Source LLC
LaVergne TN
LVHW022212080426
835511LV00008B/1717